Johanna Ambrosius

Einige Gespräche zum Zeitvertreib

Johanna Ambrosius

Einige Gespräche zum Zeitvertreib

ISBN/EAN: 9783743362512

Hergestellt in Europa, USA, Kanada, Australien, Japan

Cover: Foto ©ninafisch / pixelio.de

Manufactured and distributed by brebook publishing software (www.brebook.com)

Johanna Ambrosius

Einige Gespräche zum Zeitvertreib

Einige Gespräche,

zum Zeitvertreib.

Franckfurt und Leipzig. 1771.

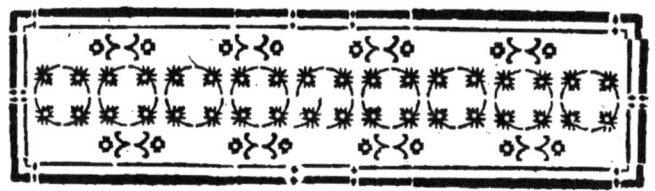

Erſtes
Geſpräch
von der Mode,
zwiſchen Herr Sigismund
und Ambroſio.

Sigismund.

Ergebner Diener Herr Ambroſius!

Ambroſius.

Gehorſamer Diener Herr Sigismund! daß iſt ein beſonderes Glück für mich, daß ſie mich mit ihrer Gegenwart in meinem Hauſe beehren.

Sigismund.

Die Ehre wird meine seyn Herr Ambrosius.

Ambrosius.

Sie sehn aber so fürchterlich aus, ist ihnen denn etwas Wiedriges begegnet.

Sigismund.

Nein! Ich bin nur erschrocken.

Ambrosius.

Und worüber?

Sigismund.

Da ich vor jetzo durch die S** Straße gehen wolte, so überfiel mich eine grosse Finsterniß, so, daß ich nicht anders dachte, als ob die Sonne von dem Horizonte gewichen wäre; Doch da ich mich recht umsahe, erblickte ich an einem Fenster einen Kopf, auf welchem ein so ungeheures Gebäude aufgeführet war, welches der Abbildung des Babilonischen Thurms ziemlich gleich sahe. Und dieser Kopfthurm war nun die Ursache von dieser Versinsterung, und verursachte mir ein Schrecken.

Ambro-

Ambrosius.

Haben sie dergleichen Turban noch nicht gesehen?

Sigismund.

Wie, heißt das Gestell Turban? nain, ich habe vor dem wohl Kopfzeuge gekannt, meine Frau trägt auch noch jetzo ein Kopfzeug, o Schade, daß der Turban bey den schönen Geschlecht solche Verfinsterung verursachet und ihnen die natürlichen Schönheiten benimmt.

Ambrosius.

Ich wundere mir selbst, daß sich das schöne Geschlecht mit dergleichen Figuren so unansehnlich macht; Denn diejenigen so in der That schöne sind, verlieren alles Angenehme darunter.

Sigismund.

Wahr ist es: Allein diese guten Kinder glauben, weil es Mode ist, so muß es ihnen wohl anstehen. Doch wir wollen lieber von was anders reden und Kopfzeuger, Kopfzeuger, und Turban, Turban, seyn lassen.

Ambrosius.

Wie gefallen ihnen aber die kleinen Hüthe bey dem Männervolke?

Sigismund.

Die gefallen mir sehr wohl.

Ambrosius.

Warum aber?

Sigismund.

Weil sie viel bequemer zu tragen als die grossen.

Ambrosius.

Es siehet aber so kindisch aus, wenn ein erwachsener Mensch einen kleinen Huth träget, und ein kleiner Huth verunzieret einen Menschen eben so; wie der ungeheure Kopfputz ein Frauenzimmer.

Sigismund.

Bey Dickköpfigten will ich es gelten lassen, bey andern aber, ist es das Gegentheil. Denn wie einem Frauenzimmer, ein solcher fürterli-
cher

cher Thurm, das Angenehme, welches sie doch
würklich besitzet entziehet: so beraubet ein grosser Huth einem Mannsbilde das Freundliche,
und macht ihn fürchterlich.

Ambrosius.

Von den ganz grossen Hüthen halte ich auch
nichts; aber die von der mittlern Sorte mag
ich sehr gut leiden. Von wem aber müssen
die ganz kleinen Hüthe abstammen?

Sigismund.

Von den Herren Franzosen.

Ambrosius.

So glaube ich, daß die seit einigen Jahren
entstandene Veränderungen in den Moden,
ebenfalls von dieser Nation herstammen.

Sigismund.

Ja! denn diese Nation ist sehr veränderlich
in der Mode, und wir Deutschen haben die
Art an uns, daß wir ihnen in allem nach-
ahmen.

Ambro-

Ambrosius.

Wie können es aber die Deutschen sogleich wissen?

Sigismund.

Wenn die Franzosen etwas neues in ihrer Mode aufgebracht, so schicken sie selbige sofort an ihre Bekannten in grossen Städten, und hierauf ahmen ihnen die Deutschen nach.

Ambrosius.

So wundert mich, daß die deutsche Sprache noch nicht ausgetilget, und hingegen die Französische eingeführet ist.

Sigismund.

Ich glaube, daß es mit der Zeit noch geschicht.

Ambrosius.

Es wäre aber weit besser, wenn die Deutschen bey ihrer alten Mode verblieben, weil sie ihnen weit anständiger als die Neue.

Sigismund.

Ich könnte es nicht sagen. Die ietzige Kleidung ist weit vorzüglicher und sauberer, als die alten. Wenn wir die Fischbeinröcke nur betrachten, was diese nicht für Mißgeburten im Anzuge waren. Sie solten dem Frauenzimmer ein Ansehen verschaffen, es wurde aber vermindert. Meiner Einsicht nach, bestand der Nutzen welchen sie hatten, darinn: wenn ein Frauenzimmer die dergleichen Rock anhatte, ins Wasser fiel; durch Hülfe desselben als durch einen kleinen Böthe mit rudern der Beine, das Land erreichen konnte.

Ambrosius.

War dieses nicht Nutzen genug?

Sigismund.

Ob schon der Nutzen gut war, so verlangten ihn doch die Frauenzimmer nicht. Sie zogen dergleichen Röcke nicht zum Gebrauche des Schwimmens an, sondern in Ansehung des weiten Umfangs eine grosse Person vorzustellen.

Ambrosius.

Denen Frauenzimmer stand vor diesen die Tracht der Fischbeinröcke besser an; und wenn man die jetzige Kleidung dagegen ansiehet, so kan man ein Frauenzimmer nicht gegen ein Gespenste unterscheiden, zumahl wenn sie mit einen weissen oder schwarzen Ueberhang, woran sich hinten an den Obertheil, eine gleich den Schornsteinfeger = Kappen anhangende Kappe befindet, so kan man ein Frauenzimmer und ein Gespenst nicht gut von einander unterscheiden, besonders wenn es Abend ist.

Sigismund.

Der Kleidung wegen gar nicht, Herr Ambrosius! der ungeheure Kopfputz, womit sich besonders die Vornehmen zieren wollen, könnte wol zu diesen fürchterlichen Gedanken Gelegenheit gegeben haben.

Ambrosius.

Nein, dieser macht es nicht alleine, sondern die langen Kleider tragen vieles bey.

Sigismund.

Glauben sie nur, Herr Ambrosius! daß die jetzige

jetzige Kleidung denen Frauenzimmer sehr gut stehet, wenn sie nur für die ungeheuren grossen Türme, einen anständigen Kopfschmuck erwählten.

Ambrosius.

Ihnen zu gefallen will ich es glauben; allein sie könnten hinten doch etwas kürzer seyn: Denn wozu ist es nöthig, daß sie einen so langen Schwanz wie der Pfau hinter sich schleppen haben.

Sigismund.

Dieses ist zum Vortheil der Kaufleute: denn weil zu einer solchen Kleidung nicht so viel erfordert wird, als zu einem Fischbeinrocke, so würde der Kaufmann in ansehung des Verkaufs Schaden leiden; weil nun das Frauenzimmer von Natur Mittleidig, so ist die Ursache, daß der Kaufmann über die Veränderung der Mode, nicht klagen darf.

Ambrosius.

So sind die Frauenzimmer gegen den Kaufmann gütiger als die Mannspersonen: denn diese bekümmern sich wenig darum, ob sie dem Kaufmann Nutzen, oder Schaden bringen.

Sigismund.

Es scheinet wenigstens so.

Ambrosius.

Indessen will mir die jetzige Kleidung der Mannspersonen gar nicht gefallen. Ich lobe einen Rock als der Meinige, der macht mir ein recht männliches Ansehen.

Sigismund.

Es kommt auf eines jedweden Geschmack an. Ich kan wohl sagen, daß mir die Kleider mit der kurzen Talge, vielen Falten, weiten Aermeln, grossen Aufschägen, lang heruntergehenden Knöpfen, recht verhaßt sind: Diese Kleidung verstellet einen jungen Menschen in einen alten Kerl.

Ambrosius.

Daß denken sie nur, weil sie von der neuen Mode zu sehr eingenommen sind.

Sie-

Sigismund.

Ich denke es nicht ohne Grund. Die jetzige Kleidung unter uns ist nicht nur anständiger, sondern auch viel vortheilhafter. Wie bereits schon erwehnet, die übrige Länge, viele Falten, grosse Aufschläge u. s. w. dienen zu weiter nichts, als daß man fast um die hälfte Tuch mehr dazu gebrauchet, und daher wird das Kleid nur theurer.

Ambrosius.

Sie werden es durch ihre Vertheidigung bald dahin bringen, daß ich der neuen Mode auch noch beypflichtete; wenn ich nicht meines Alters wegen, davon zurücke gehalten würde.

Sigismund.

Wenn sie sich ein Kleid nach der Mode anschaften, so würden sie ein ganzes Theil jünger aussehen.

Ambrosius.

Ich will doch lieber bey meiner alten Mode bleiben, und den jüngern diese anständige Kleidertracht überlassen.

Si-

Sigismund.

Es schlägt sechse, ich muß zum Abendessen gehen.

Ambrosius.

Sie haben noch Zeit Herr Siegismund, speisen sie mit mir.

Sigismund.

Ich danke ihnen gehorsamst Herr Ambrosius, ich muß heute noch dem Herrn Jacob besuchen, er soll sehr krank seyn. Ich empfehle mich ihnen.

Ambrosius.

Seyn sie so gütig und besuchen mich balde wieder. Leben sie indessen vergnügt und wohl.

Zweites Gespräch,

von dem so oft unvernünftigen Betragen der Menschen.

Ambrosius.

Wir haben jüngstens von der Veränderung der Moden gesprochen, heute wollen wir unser Gespräch, auf die Menschen richten.

Sigismund.

Ja, das wollen wir thun.

Ambrosius.

Ist es nicht zu beklagen, daß so viele Menschen, mehr auf die Auszierung des Cörpers, als auf die Beschaffenheit ihres Verstandes sehen. Wie viele hätten nicht weit mehr Verstand und Einsicht, als sie würklich besitzen, wenn sie sich darum gehörig bemüheten.

Sigismund.

Es ist freylich zu bedauren, daß der Mensch als

als das edelste und herrlichste Geschöpfe auf dem Erdboden, den Verstand nicht besser zu bilden sucht. Indessen sind viele, denen es an Verstand nicht gebricht; sie wenden ihn aber nicht gehörig an; sondern begehen ganz unvernünftige Thorheiten.

Ambrosius.

Ja das ist mehr als zu wahr. Denn die wenigsten nehmen die Vernunft, als die weise Führerin unsers Lebens, bey ihren Händlungen iu rathe. Z. E. Cleon ist wie bekannt hochmüthig. Wenn man die Ursache untersuchet, warum er es ist: so findet man daß die Geschicklichkeit und die besondern Gaben die er hat, ihm Gelegenheit dazu geben. Wäre es aber möglich, daß er hochmüthig seyn könnte, wenn er vernünftig dächte: daß er alle seine Geschicklichkeit nicht von ihm selbst habe; sondern daß sie von einer höhern Hand herkomme, welche ihn damit begabet hat.

Sigismund.

Derjenige, welcher seiner Geschicklichkeit oder seines Reichthums wegen hochmüthig ist, der handelt eben so thörigt, wie ein Armer, der von einem Gönner eine ganze neue Kleidung erhal erhalten hat, und um dieses Kleides wegen, Menschen von seiner Gattung verachtet, und denkt, daß er mehr vorstelle als sie.

Ambrosius.

Wenn man einen hochmüthigen Menschen, seiner eigentlichen Beschaffenheit nach ansiehet: so kan man ihn nicht anders als vor ein Mitglied der grossen Narrengesellschaft auf der Welt halten. Er mag auch eine Ursache anführen, wie er immer will; so verdient er doch diesen Namen.

Sigismund.

Viele sind auch hochmüthig, sie wissen aber selbst nicht warum.

Ambrosius.

Desto grösser ist ihre Narrheit.

Sigismund.

Auf diese Art würde man auch keine Spötter in der Welt finden, die ihres Nächsten Fehler und Gebrechen, auf eine unerlaubte Art durchziehen und sich damit belustigen; wenn sie vernünftig dächten: daß sie als Menschen,

eben

eben die Fehler und Schwachheiten, welche sie an ihrem Nächsten wahrnehmen, entweder selbst begehen; oder noch begehen können.

Ambrosius.

Auch keinen Geitzhals. Wenn der Geitzhals als ein vernünftiger Mensch bedächte, daß ihm der Reichthum welchen er besitzt, nicht gegeben; sondern nur geliehen, und daß er alles was er hier mit so vielem Kummer, Mühe und Sorgfalt zusammen scharrt, bey seinem Tode zurück lassen muß: so würde er Menschenliebe haben und gegen seinen nothleidenden Nächsten barmherziger seyn.

Sigismund.

Ja, dieses wissen die Geitzhälse wohl, daß sie bey ihrem Tode nichts mit aus der Welt nehmen: allein sie sind entweder geitzig, weil sie besorgen, daß ihr Vermögen auf ihre Lebenszeit nicht zureichend seyn wird; oder sie sind es um ihren Kindern und Erben, einen ansehnlichen Reichthum zu hinterlassen.

Ambro-

Ambrosius.

Diese Ursachen sind eben so thörigt als strafbar. Die Erstern zweifeln an der gütigen Vorsorge ihres Schöpffers, und denken daß alles auf ihre Bemühung ankömmt. Die Zweyten sammlen vor ihre Kinder und Erben, unrechtes Guth; denn so wie die Ersten aus Geitz, ihrem Nächsten das Seinige abzudringen suchen: so thun es die Letztern auch.

Sigismund.

Also lassen es die Geitzhälse nicht dabey bleiben, daß sie sich alles Vergnügens, welches einigen Aufwand erfordert, enthalten; sondern sie suchen auch das Vermögen ihres Nächsten mit List und Betrug an sich zu bringen.

Ambrosius.

Und das wissen sie nicht?

Sigismund.

Nein, denn ich bin in meinem Leben noch nicht geitzig gewesen.

Ambrosius.

Ich auch nicht, denn ich habe von meiner Jugend an, dieses Laster verabscheuet, weil es eine Quelle zu vielen andern Lastern ist. Indessen habe ich verschiedene Menschen gekannt, und kenne noch welche, die diesem Laster bis in höchsten Grad ergeben sind, und sich nicht scheuen die größten Betrügereyen zu unternehmen, wenn sie nur ihr Vermögen dadurch vermehren können.

Sigismund.

Sie schildern den Geiz gar zu häßlich.

Ambrosius.

Er ist noch viel häßlicher. Es würde mich viele Mühe kosten, wenn ich ihn in seiner wahren Gestalt vorstellen solte.

Sigismund.

Man sagt im Sprichwort: daß der Geiz eine Mutter von allem Uebel ist; also muß er freylich ein ungeheures und schädliches Laster seyn.

Ambro=

Ambrosius.

Ja, der Geitz ist niemalen allein; sondern er ist jederzeit mit den andern Lastern, welche aus ihm entstehn, vergesellschaft. Neid und Mißgunst, sind unzertrennlich mit ihm verbunden, Falschheit, Zorn und Feindschaft folgen diesen beyden auf dem Fusse nach. Der Geitzhals ist nicht ein Besitzer seiner Güther; sondern nur ein Wächter darüber. Er ist sein eigner Feind und verkürzet sich durch seine selbst gemachte Angst und Kummer, das Leben. Er ist gegen seinen nothleidenden Nächsten hart, und untersagt ihm die schuldige Hülfe.

Sigismund.

Es sind aber viele, die wahrhaftig nicht geitzig, und dennoch ihrem Nächsten in seiner Noth und Dürftigkeit nicht helfen, ob sie es schon thun könnten.

Ambrosius.

Diese verdienen nicht, daß sie den Namen als Menschen führen: weil sie die unvernünftigen Thiere in der Dienstfertigkeit übertreffen.

Sigismund.

Ja sie sagen: ich bin mir selber der Nächste, ein andrer mag zusehn wie er fertig wird.

Ambrosius.

Das ist ein Beweiß von der niederträchtigen Denkungsart, die dergleichen Leute hegen. Einem großmüthigen und edel denkenden Menschen, ist es das größte Vergnügen, wenn er seinem nothleidenden Nächsten helfen kan. Es ist freylich ein richtiger Satz: daß ich mir selbst der Nächste bin; aber kein Beweiß, daß ich meinen Nächsten ohne Hülfe lassen soll. Das Geboth von der Liebe des Nächsten, verpflichtet mich dazu. Ich soll meinen Nächsten als mich selbst lieben; folglich muß ich ihm das alles wiederfahren lassen, (wenn mir es anders möglich) was ich mir selbst wünschen würde, wenn mich seine Noth und Wiederwärtigkeit drückte. Und wie schön ist es nicht, wenn einer dieses Geboth, ohne Rücksicht auf seinen Nutzen und Vortheil erfüllt.

Sigismund.

Von dieser Erfüllung muß der Geitzige sehr weit entfernt seyn.

Am-

Ambrosius.

Können sie den Geitzhals noch nicht vergessen?

Sigismund.

Er fiel mir wieder ein, weil dieses eine Sache, die seinem Zweck ganz entgegen ist.

Ambrosius.

Ja, soviel ist gewiß, daß der Geitzige, so lange er geitzig ist, niemanden, ohne seinen Vortheil dienet.

Sigismund.

Aber ein Geitziger hinterläßet mehrentheils, sein erscharrtes Guth, verschwenderischen Erben.

Ambrosius.

Dieses gereicht ihm zu einer Strafe. Indessen ist die Verschwendung eben ein solch häßlich Laster wie der Geitz. Sie ist ebenfalls mit Nebenlastern verknüpft. Der Verschwender bringet sein Vermögen durch, und entwendet seinen Kindern und Erben, die Güther, welche

welche sie nach seinem Tode erhalten könnten, wenn er sein Leben nach den Regeln der Vernunft anstellte. Seinen Nächsten bringt er um das Seinige; weil er, wenn sein Vermögen alle, zu borgen anfängt, und das geborgte Geld mit verschwendet.

Sigismund.

Alle sind so glücklich nicht, daß sie was geborgt kriegen, wenn sie mit dem Ihrigen fertig.

Ambrosius.

Die allermeisten bringen es so weit: denn wenn sie nicht mehr bezahlen können, so lassen sie was sie brauchen anschreiben, und wenn der Schuldherr das Seinige einfordern will, so muß er die Rechnung an statt der Bezahlung behalten.

Sigismund.

Aber wie groß muß nicht die Betrübniß eines Verschwenders seyn, wenn er alle sein Vermögen durchgebracht, und nun elend darben muß. Wenn er die kostbaren Speisen, die er vorher genossen, mit der schlechsten Kost verwechseln muß.

Ambro-

Ambrosius.

Ja, die Betrübniß bey einem nothleidenden Verschwender, ist weit stärker als bey denjenigen, welcher durch wiedrige Schicksale, ohne seine Schuld arm geworden. Dieser ist mit keinem Vorwurfe des Gewissens gequält, er kan vor einem jedweden sein Herz ausschütten; jeder dem er seine Noth klagt hat Mittleiden mit ihm. Der nothleidende Verschwender aber hat diese Dreistigkeit nicht, weil er immer den Vorwurf bey sich fühlt: daß er die einzige Ursache seines Unglücks ist.

Sigismund.

Aber ich dächte die Verschwendung wäre doch nicht so arg, als der Geitz, denn der Geitzige scharrt alles zusammen was er krigen kan, und behält es vor sich; der Verschwender hingegen lässet sein Vermögen andern über.

Ambrosius.

Ja sie ist eben so böse als der Geitz. Der Verschwender kan sein Geld auf eine vernünftigere Art anwenden. Er kan vergnügt leben und sich Vergnügungen machen, ohne verschwen=

schwendrisch zu seyn. Wir können uns immer Vergnügungen machen, wir müssen nur die Grenzen derselben nicht überschreiten; aber der Verschwender kennet keine Grenzen, er treibet seine Ergötzungen so hoch, als es ihm nur möglich, und bringt sich und seine Nachkommen, in die betrübtesten Umstände.

Sigismund.

Es wird beynahe Zeit seyn, daß wir unsern Discur unterbrechen, die Glocke schlägt schon zehne.

Ambrosius.

Sie können noch immer eine Stunde hier bleiben.

Sigismund.

Nein, Herr Ambrosius! wenn ich mich länger aufhalte so wird das Haus zugeschlossen, und ich muß alsdenn die andern im Schlafe stöhren.

Ambrosius.

Das hindert ja nicht, ihre Jungfer Schwester wird ihnen gerne aufmachen.

Sigismund.

Ja, das thut sie wohl; allein es ist mir ärgerlich wenn ich im Schlafe gestöhret werde: und also denke ich, daß es andern auch verdrüßlich ist.

Ambrosius.

Wenn sie nicht länger bey mir bleiben wollen: so kan ich sie nicht halten; indessen besuchen sie mich doch morgen wieder.

Sigismund.

Eher nicht, als bis sie mich besucht haben.

Ambrosius.

Das ist zu kurz abgesagt. Wenn sie mein guter Freund seyn wollen, so müssen sie morgen wieder kommen.

Sigismund.

Und wenn sie mein Freund seyn wollen: so seyn sie so gütig und besuchen sie mich morgen; ich erwart. sie ganz gewiß.

Ambrosius.

Das Ausgehn ist mir wegen des Anziehens sehr beschwerlich: alleine ich will doch in einigen Tagen bey ihnen seyn.

Sigismund.

Warum denn nicht morgen?

Ambrosius.

Ich habe nöthige Verrichtungen, die mich zurücke halten.

Sigismund.

So erwarte ich sie nach ihrem Versprechen, und wünsche ihnen wohl zu schlafen.

Ambrosius.

Schlafen sie wohl.

Drit-

Drittes Gespräche

von verschiedenen Gegenständen,

zwischen

den Vörigen und Amalia, Sigismunds
Schwester.

Ambrosius.

Um mein Versprechen zu erfüllen, und sie zugleich von meiner Freundschaft zu überzeugen: so habe ich die noch zuverrichten übrigen Geschäfte liegen lassen, und besuche sie heute nach ihrem Verlangen.

Sigismund.

Das Vergnügen, welches sie mir durch ihre Gegenwart machen, ist besonders angenehm für mich; indessen wünsche ich: daß ich nicht so hartnäckigt auf meinem Vorsatz bestanden, und sie nach ihrem Verlangen, vorgestern besucht hätte.

Ambro-

Ambrosius.

Warum? Hat sie etwann der Himmel für ihren Eigensinn gestraft?

Sigismund.

Ja! und — — Doch ich darf es ihnen nicht sagen: sonst freuen sie sich über mein Unglück.

Ambrosius.

Wer wird sich über eines andern Unglück freuen? Das wäre zu boshaft. Sagen sie es nur mir, vielleicht kan ich ihnen mit meinem Trost und Mitleiden, eine kleine Erleichterung verschaffen.

Sigismund.

Ja, ja, ich bin dafür gestraft; aber ob es der Himmel gewesen, der mir das Unglück wiederfahren lassen, das weiß ich nicht; ich glaube aber vielmehr, daß die Natur die meiste Schuld hat. Ach! wie erbärmlich habe ich die zwey letzten Nächte geschlafen. Die verzweifelte Li— —

Ambrosius.

Also seyn sie verliebt worden?

Sigismund.

Ach nein! verliebt nicht.

Ambrosius.

Läugnen sie es nur nicht: ihr Betragen ist ein hinlänglicher Beweiß davon.

Sigismund.

Ich muß es nur gestehen: ja ich bin verliebt.

Ambrosius.

Wie sind sie denn dazu gekommen?

Sigismund.

Weil ich mir vorgenommen, sie nicht eher zu besuchen, als bis sie bey mir gewesen wären: so ging ich vorgestern Abend, auf der Straße spatziren, und sahe die unvergleichliche Lisette, an ihrer Hausthüre stehn; aber welche Veränderung ging bey diesem Anblicke in mei-

meiner Brust vor, ich gerieth in eine solche Verwirrung, die ich nicht beschreiben kan.

Ambrosius.

Sie haben ja sonst so spöttisch von der Liebe gesprochen; und nun, seyn sie selber verliebt.

Sigismund.

Ja: denn bis hieher habe ich nicht gewußt was die Liebe sey; weil ich sie noch niemahl empfunden; aber itzt weiß ich, wie stark dieselbe fesselt, und in welche Unruhe, Angst und Verwirrung, sie denjenigen setzt, dessen sie sich bemächtiget.

Ambrosius.

Also haben sie in der That nicht schlafen können?

Sigismund.

Nein, so viel ich mich auch bemühte: so war doch meine Mühe vergebens. Unruhe, Angst und Verwirrung, wechselten ohne Aufhören bey mir ab; bald wünschte ich der schönen Lisette ihr Handschuh; bald ihr Bette zu seyn, und doch konnte ich mich nicht dazu machen: so gerne ich es auch gethan hätte.

Ambro-

Ambrosius.

Wer wird sich denn die Liebe so einnehmen lassen, man muß ihr widerstehn.

Sigismund.

Ja, ich habe alle meine Kräfte angewendet, daß ich ihr widerstehen wolte: allein es war vergebens. Ich wurde überzeugt: daß die Liebe, eine unüberwindliche Sache ist.

Ambrosius.

Man muß nur nicht immer an seinen angenehmen Gegenstand denken.

Sigismund.

Ja, wer dieses kan der ist glücklich; aber mir ist es eine wahre Unmöglichkeit, wenn ich auch alle mögliche Mühe — — Doch, ich muß stille seyn, meine Schwester kommt.

Ambrosius.

Kan denn ihre Jungfer Schwester nichts davon hören.

Ama-

Amalia.

Wovon? Herr Ambrosius!

Ambrosius.

Von der Lotterie.

Amalia.

Nein! davon mag ich nichts wissen.

Ambrosius.

Warum nicht? Es ist doch schon mancher dadurch reich geworden.

Amalia.

Ja, das sind etliche; aber die allermeisten seyn von diesem Glück ausgeschlossen. Ich habe nichts damit zuthun.

Ambrosius.

So haben sie meine Gedanken, liebste Amalia! Allein es kan nicht anders seyn, es müssen viele verspielen. Indessen mag ich mit keinem Spiele was zuthun haben, das aus Gewinn=

Gewinnsucht gespielt wird: denn gewinne ich, so habe ich Mitleiden mit demjenigen der verliert, und verliere ich: so bin ich auch nicht damit zufrieden.

Sigismund.

So geht es mir.

Ambrosius.

Wenn ich aber mit guten Freunden zum Vergnügen spiele: so ärgert mich der Verlust gar nicht.

Sigismund.

Ja, wenn der Verlust, welchen man beym Spiele leidet, nur guten Freunden zum Nutzen oder Vortheil wird: so ist er immer erträglicher.

Ambrosius.

Indessen ist das Spielen, eine höchst schädliche Sache, wenn es zu hoch getrieben wird.

Sigismund.

Ja, schädlich ist es. Wie viele Händel, Zank und Schlägereyen, entstehen nicht durch dasselbige. Einer der aus Begierde zum Gewinnst spielet, betrüget sich oft in seinen Gedanken, und verliert an statt daß er gewinnen will: nun wird er rachgierig, und sucht Gelegenheit dem Gewinner zu schaden.

Ambrosius.

Demjenigen, welcher ein Vergnügen im Spiele findet, muß es gleichviel seyn, er gewinnt; oder verspielt.

Sigismund.

Die wenigsten seyn aber so gesinnet.

Ambrosius.

Wer nicht verspielen will, der muß auch vom Spiele weg bleiben.

Sigismund.

Herr Ambrosius! trinken sie, der Caffee wird kalt.

Ambrosius.

Ja, das will ich thun; aber noch eine Pfeife Taback will ich mir ausbitten.

Si-

Sigismund.

Ich werde ihnen gleich mit einer aufwarten. Trinken sie nur.

Ambrosius.

Wenn ich es aufrichtig gestehen soll: so bin ich kein sonderlicher Liebhaber vom Caffee.

Sigismund.

So trinken sie vielleicht lieber Wein.

Ambrosius.

Ja, wenn ich ihn haben kan.

Sigismund.

Gut, ich will gleich welchen holen lassen so können sie Wein trinken, und ich will den Caffee verzehren.

Ambrosius.

Trinken sie den Caffee lieber als den Wein?

Sigismund.

Ja, wenn ich die Wahl von beyden haben soll: so ziehe ich jedesmahl den Caffee dem Weine vor.

Ambrosius.

Ich finde am Caffe gar nichts nutzbares.

Sigismund.

Ich habe vielen Nutzen davon.

Ambrosius.

Und worinnen bestehet derselbe?

Sigismund.

Wenn ich Caffee getrunken habe, so bin ich zu den schwersten Verrichtungen geschickt. Ich befinde mich nach drey Tassen Caffee, weit besser, als wenn ich sechs Maaß Reinwein ausgetrunken.

Ambrosius.

Das will ich zugeben, sechs Maaß Wein die würden ihnen freylich eine grosse Unruhe im Cörper verursachen. Indessen giebt ihnen
ein

ein halbes Maaß Wein, weit mehr Kräfte, als zwey ganze Maaß Caffee.

Sigismund.

Ich kan es nicht sagen. Bey mir ist es das Gegentheil. Wenn ich Caffee getrunken habe, so bin ich so stark und gesund als ich nur seyn kan; der Wein aber steigt mir gleich nach dem Kopfe, und macht mich träge und schläfrig.

Ambrosius.

Wenn ihnen der Wein zu hitzig, so dürfen sie nur die Hälfte Wasser darunter giessen, so haben sie die erwähnten Umstände nicht zu befürchten.

Sigismund.

So verderbe ich ja den Wein, und das will ich nicht: allso bleibe ich lieber bey meinem Caffee, und will andern den Wein überlassen.

Ambrosius.

Sie können doch nicht immer Caffee trinken. Was trinken sie denn des Abends?

Sigismund.

Quell Wasser, denn das Bier ist mir, ebenfalls zu hitzig; weil mich aber meine Schwester immer vor geitzig ausschillt, so vermenge ich dasselbige mit Weineßig.

Ambrosius.

Ich höre wohl: sie würden sich sehr gut zu einem Franciscanermönche schicken, weil sie eine so strenge Lebensart führen.

Sigismund.

Meine Lebensart ist gar nicht strenge. Zu einem Franciscaner Mönche schicke ich mich auch nicht. Ich halte gar nichts von den Fasttagen, und schlafe gerne lange. Es würde mir sehr verdrüßlich seyn, wenn ich alle Nächte, um zwölf Uhr aufstehen sollte, um im Chore zu singen. Und denken sie, Herr Ambrosius! wenn mir unter dem Singen die schöne — —

Ambrosius.

Was wollen sie damit sagen? Die schöne.

Sigismund.

Ich habe mich nur versprochen, ich wolte sagen: wenn mich der angenehme Schlaf unter dem Singen überfiele, wie mich alsdenn der Pater Gardian ausschelten würde.

Ambrosius.

Sie sprachen aber das Wort schöne, mit einer recht verliebten Miene aus.

Sigismund.

Zärtlichen Mine, wollen sie sagen. Ich habe gegen alles was schöne ist, eine besondere Hochachtung, und also ist es wohl möglich, daß ich bey der Aussprechung dieses Wortes, eine zärtliche Mine gemacht.

Ambrosius.

Es mag so seyn, ich will nicht dagegen streiten: ob ich schon weiß, daß sie was anders damit sagen wolten.

Sigismund.

Sie mögen denken was sie wollen, ich habe nichts anders damit gemeint.

Ambro-

Ambrosius.

Wie hat ihnen aber denn Herr A** bey der letzten Hochzeit gefallen?

Sigismund.

Sehr schlecht.

Ambrosius.

Es ist ein wunderbarer Mensch, wenn er zu viel getrunken.

Sigismund.

Ja, das ist er. Indessen wird man wohl keinen Betrunkenen finden, der viel vernünftiges macht.

Ambrosius.

Einen einzigen habe ich gesehen, der betrunken der beste Mensch war, hingegen wenn er nicht betrunken, so war er ziemlich unartig.

Sigismund.

Das ist ein seltnes Exempel. Die mehrsten sind, so lange als sie betrunken seyn, einer Art von Raserey unterworfen.

Ambro-

Ambrosius.

Es sind aber auch welche, die betrunken, ganz stille seyn, und niemanden was zu nahe thun.

Sigismund.

Von dieser Gattung mag vielleicht der gewesen seyn, den sie erst erwähnten.

Ambrosius.

Nein, dieser war nicht zu stille, und auch nicht zu plauderhaft. Er scherzte und ließ mit sich scherzen, und kurz zu sagen: sein Betragen war so angethan, daß ein jeder damit zufrieden seyn konnte.

Sigismund.

Beym Herrn A** thut der Wein ganz andre Würkung.

Ambrosius.

Ja, denn dieser bezeigt sich recht wie ein Rasender. Er springt über Stühle und Tische, er tanzt, er schreit und sucht bey jedweden Zank und Händel.

Sigis-

Sigismund.

Ich habe beynahe noch keinen solchen tollen Menschen gesehen, als wie dieser ist.

Ambrosius.

Ja, wenn er betrunken, so ist er im stande, sich mit zwey bis drey personen rum zu schlagen, und zur andern Zeit, fürcht er sich für einem Hasen.

Sigismund.

Ja wenn ihre zwey auf ihn los schlagen, so wird er sich freylich nach aller Möglichkeit wehren.

Ambrosius.

Nein, so lange wartet er nicht bis andre anfangen, er fängt selber an.

Sigismund.

Aber bey gutem Verstande, vor einem Hasen laufen, das ist doch zu toll.

Ambrosius.

Und dennoch ist es wahr. Ich bin ein Augenzeuge davon.

Sigis-

Sigismund.

Es mag wohl ein Mensch gewesen seyn, der mit Namen so geheissen.

Ambrosius.

Nein, ein würklicher Hase. Ich traf ihn letzthin unterwegens, als ich auf die Jagd gehen wolte, und bat ihn daß er mir Gesellschaft leisten sollte. Er war hiezu willig, und begleitete mich. Als wir nun etliche hundert Schritte gegangen waren, so sprung, zwey Schritte von uns ein Hase unter einem Strauche auf. Ich nahm meine Flinte und schoß nach diesem Thiere; aber vergebens. Als ich mich aber nach meinem Gesellschafter um sahe: so war er über zehn Schritte zurück gewichen.

Sigismund.

Er mag sich vielleicht vor dem Knall des Pulvers gefürcht haben.

Ambrosius.

Ja wenn dieses auch wäre, so ist es doch eben so thörigt.

Sigis-

Sigismund.

Wenn er also wieder mit ihnen auf die Jagd gehen will, so muß er sich vorher voll sauffen.

Ambrosius.

Ja, denn wenn er betrunken, so hat er Muth genung, wenn er aber nicht betrunken, denn ist er so furchtsam als ein Schaaf.

Sigismund.

Er wird sich also bey gutem Verstande, in kein Duell einlassen.

Ambrosius.

Nein, das thut er nicht, wenn er auch noch so sehr beleidiget würde;

Sigismund.

So ist er doch in diesem Stücke zu loben.

Ambrosius.

Wenn er sich aus wahrer Klugheit, in keine Schlägereyen mengte: so wäre er freylich zu loben. Doch, da es aus Furcht und
Zag=

Zaghaftigkeit geschicht: so weiß ich nicht, ob er ein Lob verdient. Indessen ist es für ihn und andre gut, daß er furchtsam ist; sonst würde er mit einem jeden Händel anfangen.

Sigismund.

Wenn er schon betrunken, zur Schlägerey geneigt ist, so könnte er doch zur andern Zeit friedlich seyn, wenn er auch nicht so zaghaft wäre.

Ambrosius.

Ich glaube aber: daß ihm die Natur nicht ohne Ursache, diese Zaghaftigkeit beygelegt.

Sigismund.

Dagegen will ich nichts einwenden.

Ambrosius.

Es ist indessen sehr törigt, wenn sich vernünftige Menschen, mit einander balgen und schlagen.

Sigis-

Sigismund.

Dadurch wollen viele ihre Herzhaftigkeit sehen lassen.

Ambrosius.

Wenn sich einer im Zorn und aus Bosheit, mit einem andern schlägt; oder duellirt, so sehe ich es für Tollkühnheit; aber nicht für Herzhaftigkeit an. Dort kommt meine Magd, die wird mich holen sollen. Leben sie wohl Herr Sigismund!

Sigismund.

Leben sie vergnügt, Herr Ambrosius!

Viertes Geſpräch,

von einigen Urſachen, warum die Tugendhaften mehr Unglück und Widerwärtigkeit erdulden müſſen, als die Laſterhaften.

Zwiſchen den Vorigen.

Sigismund.

Sagen ſie mir doch, Herr Ambroſius! ob es wahr, daß ihr Herr Bruder auf ſeiner letzten Reiſe ein Bein zerbrochen.

Ambroſius.

Ja, das iſt leider wahr.

Sigismund.

Wie iſt es denn zugegangen, daß er zu dieſem Unglücke gekommen?

Ambro-

Ambrosius.

Der Fuhrmann hat zwischen B*_* und K** umgeworffen.

Sigismund.

Sind denn noch mehr Personen beschädiget worden?

Ambrosius.

Nein! mein Bruder hat nur allein das Unglücke gehabt.

Sigismund.

Es scheint als ob alles Unglück einen Bund wider diesen Rechtschaffnen gemacht hätte: denn es verfolgt ihn immer eins nach dem andern.

Ambrosius.

Ja, die Wiederwärtigkeiten verfolgen immer die Tugendhaften. Der Lasterhafte wird entweder gar nicht; oder doch nur selten der Züchtigung des Himmels gewürdiget.

Sigis-

Sigismund.

Wenn man die vielen Wiederwärtigkeiten betrachtet, welche so oft die Tugendhaften treffen: so kan man nicht ohne Verwunderung bleiben. Der Tugendhafte fühlet die Schläge des Unglücks weit stärker, als der Gottlose, und der Letzte verdienet sie doch eher als der Erste.

Ambrosius.

Der Tugendhafte muß freylich immer mehr Unglück und Wiederwärtigkeit erdulden, als der Lasterhafte: allein es geschiehet zu seinem Besten und zu seiner Ehre.

Sigismund.

Wie kan das Unglück einem Tugendhaften zum Besten seyn.

Ambrosius.

Der Tugendhafte, wird durch die Wiederwärtigkeit, die er erdulden muß, auf dem Wege der Tugend erhalten. Er wird durch Creutz und Leiden, in der Geduld, Hoffnung und Liebe zu GOTT, geübet und gestärket.

Wenn er lauter gute Tage in der Welt hätte: so würde er auch vielleicht, weniger tugendhaft seyn.

Sigismund.

Wie kan aber Unglück und Wiederwärtigkeit, zu des Tugendhaften seiner Ehre seyn.

Ambrosius.

Weil er bey guten Tagen, und ohne Creutz und Noth, nicht fähig ist, seine Tugenden, in ihrer vollkommnen Grösse, der Welt darzustellen. Drückt ihn aber Noth und Trübsal: so findet sich auch Gelegenheit dazu. Z. E. Der Tugendhafte leidet Verfolgung, er ist dabey geduldig und tröstet sich seiner Unschuld. Nach einer gewissen Zeit hat er Gelegenheit, sich an seinem Verfolger zu rächen: er thut es aber nicht. Oder, er hat Schaden von andern erlitten, und hat hernach Gelegenheit, ihnen wieder zu schaden: er thut es aber nicht, sondern vergilt lieber Böses mit Gutem. Könnte nun wohl dieses großmüthige Betragen, für den Augen der Welt offenbar werden, wenn er nicht vorher die Verfolgung und den

Scha-

Schaden erlitten hätte. Selbst seine Feinde, müssen sich hernach über die Grösse seines Geistes wundern, und sie bekennen.

Sigismund.

Es kan aber, ohne vorher erlittnes Unrecht, die Welt, sein tugendhaftes Betragen und seine edles Gemüthe sehen. Z. E. Er speiset und kleidet die Armen und Dürftigen. Er ist gegen einen jeden, freundlich, liebreich, mitleidig und dienstfertig. Diese und andere dergleichen schöne Eigenschaften, siehet ja ein andrer und rühmet sie.

Ambrosius.

Diese schöne Eigenschaften werden freylich gesehen und gelobet: Allein sie haben in dem Fall, den Werth und Eindruck nicht, als da, wenn sie gegen unsre Feinde und Verfolger, ausgeübet werden.

Sigismund.

Es kan aber ein Tugendhafter aufhören, tugendhaft zu seyn, wenn er siehet, daß es den Lasterhaften, besser geht als ihm.

Ambrosius.

Wer aus der Ursache aufhören will, tugendhaft zu seyn, der ist noch nicht recht tugendhaft, weil er die Geduld nicht ausübt. Gesetzt aber, ein Tugendhafter wäre in allen Stücken glücklich. Alle seine Anschläge gingen nach seinem Willen, und niemals begegnete ihm ein widerwärtiger Zufall: so wäre ja die Geduld, unter den Tugenden unnöthig. Sie ist aber eine Haupttugend: folglich muß sie ein Tugendhafter auch ausüben können.

Sigismund.

Was muß aber die Ursache seyn, daß der Lasterhafte, so oft von dem Unglück verschonet wird?

Ambrosius.

GOtt, als ein allwissender HErr, siehet es in voraus, welche von den Gottlosen, sich nicht bessern werden, und darum lässet er sie aus Barmherzigkeit, alles Glück und Wohl dieser Welt geniessen: weil er weiß, daß sie sich niemals, durch eine wahre Besserung, jener unvergänglichen Freude, welche er für die
Tugend-

Tugendhaften bereitet hat, theilhaftig machen werden. Diejenigen aber, von denen er weiß, daß sie sich durch Creutz und Leiden, bessern lassen, diese läßt er es zu ihrer Besserung empfinden.

Sigismund.

Ich will hingehn und ihren Bruder besuchen.

Ambrosius.

Das thun sie. Wünschen sie ihm nur von mir alles Gute.

Sigismund.

Gehn sie nur lieber selbst mit.

Ambrosius.

Ich kan nicht, so gern ich auch will. Der Herr von K** will in einer halben Stunde bey mir seyn.

Fünftes Gespräch,
von Träumen.

Zwischen den Vorigen.

Ambrosius.

Sind sie denn krank, daß sie mich so lange nicht besucht haben.

Sigismund.

Nein, ich bin nur so unruhig.

Ambrosius.

Und worüber? Haben sie sich etwann das Unglück meines Bruders so zu Gemüthe gezogen?

Sigismund.

Ja, ich habe mich darüber betrübt.

Ambro-

Ambrosius.

Sorgen sie nicht, mein Bruder wird bald wieder hergestellt seyn.

Sigismund.

Es ist dieses auch nicht alleine, was mich beunruhiget. Ich habe vor einigen Tagen solche wunderliche Träume gehabt, mit deren Auslegung ich mich noch beschäftige.

Ambrosius.

Wer wird sich jetzo an die Träume kehren. Ein Traum ist weiter nichts, als eine Würkung der Seele, die sich, wenn der Cörper schläft, deßjenigen errinnert, was am vergangenen Tage geschehen.

Sigismund.

Ich kan mich aber nicht entsinnen, daß nur das Gerinste von diesen beyden Träumen, am Tage geschehen sey. Sie werden mir wohl ein nahes Unglück bedeuten.

Ambrosius.

Das ist nur eine Beängstigung die sie sich selber machen. Vor alten Zeiten waren wohl die Träume öfters Vorbothen von Glück oder Unglück; aber itzund haben diese Vorbedeutungen aufgehört. Was hat ihn denn geträumet?

Sigismund.

Der erste Traum führte mich durch einen angenehmen Spatziergang, nach einer grünen Wiese, welche mir sehr wohl gefiel; als ich aber eine kurze Zeit, die Schönheit derselben betrachtete: so überfielen mich, unversehens, vier grosse Schweine, welche mir mit allem Ungestüm den Krieg ankündigten, und mit ihren Rüsseln, die mit grossen Zähnen auf den Seiten besetzt waren, ganz grausam auf mich los hieben. Ich sprung etliche Schritte zurücke, und entblößte meinen Degen, den mir der Traum an die Seite gesteckt hatte, und zwar mit so gutem Erfolg, daß drey davon, ihre Kühnheit mit dem Leben bezahlen mußten, und das vierte nahm, nach dem es stark verwundet die Flucht. Weil ich aber auch etliche Wunden, in diesem Traumgefechte erhalten: so weckte mich der Schmerz davon aus dem Schlafe auf. Ambro-

Ambrosius.

Darüber dürfen sie sich gar keine Sorge machen. Wer weiß welche Einbildung, zu diesem Traume, Anlaß gegeben.

Sigismund.

Alle nehm ich sie nicht als von ohngefehr an. Sie haben oft würklich ihre Bedeutung

Ambrosius.

Ach, ein Traum ist ein Traum. Ich halte von ihrer Bedeutung nichts.

Sigismund.

Ich halte aber ganz gewiß dafür, daß viele nicht umsonst seyn.

Ambrosius.

Sind denn bey ihnen schon welche erfüllet worden?

Sigismund.

Nein.

(Am-

Ambrosius.

Warum glauben sie denn daß dieser wird erfüllet werden?

Sigismund.

Weil ich es immer von andern gehört, daß ihre Träume oft in Erfüllung gegangen.

Ambrosius.

Können ihn andre nicht was vorgelogen haben? Und gesetzt auch, der Traum hätte seine Bedeutung: so können sie doch ohne Sorge seyn; weil sie in demselben, ihre Gegner überwunden.

Sigismund.

Der andre aber, welchen ich in der folgenden Nacht hatte, war nicht so vortheilhafft für mich: denn in demselben wurde ich überwunden.

Ambrosius.

Erzählen sie ihn doch.

Sigis-

Sigismund.

Ich ging in einem anmuthigen Walde, und ergötzte mich an dem schönen Gesange, der Nachtigal. Auf einmal fuhr eine grosse Schlange, welche wie ein starker Arm dicke, und über drey Ellen lang war, hinter einem Strauche hervor, und stach mich in die linke Hand, daß ich nach einigen Minuten, tod nieder fiel.

Ambrosius.

Was machen sie sich denn vor Auslegungen darüber?

Sigismund.

Ich bin darinnen nicht einig. Bald mache ich diese; bald eine andre.

Ambrosius.

Sagen sie mir doch eine; oder etliche davon.

Sigismund.

Von dem ersten Traume denke ich, daß er Zank und Streit; oder Verläumdung und Verfolgung bedeutet. Am-

Ambrosius.

Diese Auslegung scheinet zwar Grund zu haben: allein ich glaube sie doch nicht.

Sigismund.

Was würden sie aber vor eine Auslegung machen, wenn sie glaubten, daß die Träume öfters nicht von ohngefehr wären.

Ambrosius.

Eine gute Auslegung.

Sigismund.

Was würde es ihnen aber helfen, daß sie sich mit einer guten Auslegung schmeichelten, wenn sie hernach die böse Erfüllung empfinden müßten?

Ambrosius.

Gesetzt daß ich mich in meiner Auslegung betrogen: so wäre ich doch nicht vor der Zeit betrübt, und niedergeschlagen; sondern ich lebte durch Hülfe dieser Schmeicheley, bis zu der Erfüllung, fröhlich

Sigismund.

Sie könnten aber durch eine gute Vorsicht daß Uebel noch verhindern: wenn sie sich eine böse Auslegung machten.

Ambrosius.

Wenn einem ein Unglück begegnen soll: so schickt sich alles wunderlich dazu, und die gute Vorsicht hilft nur selten.

Sigismund.

Sagen sie mir doch die gute Auslegung.

Ambrosius.

Ich glaubte, daß ich noch mit der Zeit, ein grosser Feldherr werden würde, für welchem die Feinde, so ofte sie einen Angriff an ihn wagen, flüchtig werden müssen.

Sigismund.

Die Auslegung ist würklich gut: allein die Erfüllung möchte wohl aussen bleiben.

Ambrosius.

Eben so wenig diese gute Auslegung erfüllet werden wird: so wenig wird es auch mit der Bösen geschehen. Stellen sie nur ihre wunderlichen Gedanken davon ein und leben sie wieder ruhig.

Sigismund.

Das will ich auch thun.

Sechstes Gespräch,
Von verschiednen Gegenständen.

Zwischen den Vorigen.

Sigismund.

Ich habe mit dem größten Verlangen auf sie gewartet, Herr Ambrosius!

Ambrosius.

Und schon lange?

Sigismund.

Eine halbe Stunde. Ich war eben im Begriff wieder wegzugehen, als sie ins Haus traten. Seyn sie spatzieren gewesen?

Ambrosius.

Nein, ich bin meines Sohnes wegen aus gewesen.

Sigis-

Sigismund.

Soll er etwann die Handlung lernen?

Ambrosius.

Ja.

Sigismund.

Hat er denn Lust dazu?

Ambrosius.

Keine rechte Lust. Er will lieber studiren.

Sigismund.

So lassen sie ihn studiren.

Ambrosius.

Warum? Er kan bey der Handlung seinen Unterhalt eben so gut, wo nicht besser haben, als wenn er studirt.

Sigismund.

Das ist noch nicht ausgemacht. Es kömmt erst darauf an, ob er sich auch dazu schickt, und ob ihm das Glücke bey der Handlung günstig ist.

Ambro-

Ambrosius.

Schicken wird er sich wohl dazu. Ich habe ihn ja, die zur Handlung nöthigen Wissenschaften lernen lassen.

Sigismund.

Dieses ist recht gut; wenn er aber keine Lust zur Handlung hat: so werden ihm alle seine Verrichtungen zur Last, und das Leben beschwerlich.

Ambrosius.

Ich hoffe, daß er mehr Lust zur Handlung krieget, wenn er nur erst bey derselben seyn wird.

Sigismund.

Wenn er aber dieselbe nicht erlangt, so lassen sie ihm nur darinne seinen Willen, daß er sich dem Stande widmen kan, zu welchem er den natürlichen Trieb bey sich fühlet.

Ambrosius.

Ich muß es aber doch besser verstehen, als mein Sohn.

Sigismund.

Das glaube ich schon; allein aber es kommt hier gar zu viel auf die Lust und das Glücke an. Es hat ein jeder Stand seine Beschwerlichkeiten bey sich, wenn sich nun ein junger Mensch einen Stand wählen muß, zu dem er keine Lust hat: so werden ihm die dabey befindlichen Beschwerlichkeiten unerträglich.

Ambrosius.

Sie werden bald machen, daß ich meinen Vorsatz ändern werde.

Sigismund.

Sie thun auch besser.

Ambrosius.

Ob es aber für meinen Sohn wird gut seyn, daran zweifle ich.

Sigismund.

Warum?

Am-

Ambrosius.

Wenn ich ihm seinen Willen lasse, daß er studiret: so fürchte ich, daß er auf der Universität ausschweifend wird.

Sigismund.

Wenn er dazu geneigt ist: so findet er bey der Handlung, eben so gut Gelegenheit dazu, als auf der Universität.

Ambrosius.

Er kan aber hier besser im Zaume gehalten werden.

Sigismund.

Ja, in soweit: daß er hier heimlich ausschweifend ist; auf der Universität aber, öffentlich. Ich glaube aber nicht daß er es thun wird.

Ambrosius.

Warum nicht?

Sigismund.

Weil er von guter Gemüthsart ist.

Ambrosius.

Ein gutes Gemüthe hat er freylich: allein er hat doch auch seine Fehler.

Ambrosius.

Davon ist kein Mensch befreyt. So lange wir noch in dem Lande der Unvollkommenheit seyn, so lange begehen wir auch Fehler.

Ambrosius.

Nun ich will ihnen folgen, und meinem Sohn seinen Willen lassen, mag er doch lernen was er will.

Sigismund.

Das ist recht. Eine Arbeit wozu einer Lust hat, die wird ihm durch die Lust leichte, wenn sie schon an und vor sich selbst schwer ist.

Ambro=

Ambrosius.

Ja, man sagt im Sprichwort: daß Lust und Liebe, die schwersten Verrichtungen erleichtern.

Sigismund.

Dieses Sprichwort, ist mehr als zu wahr. Ich bin gestern erst wieder davon überzeugt worden.

Ambrosius.

Auf welche Art?

Sigismund.

Ich wolte den Herrn F** besuchen, und als ich auf dem Wege war, so überfiel mich der starke Regen, daß ich so naß, als ein gebadeter Zeisig, in seiner Wohnung an kam. Weil ich nun zu diesem Besuche so grosse Lust hatte: so war mir dieser Umstand gar nicht verdrüßlich.

Ambrosius.

Ich denke sie haben sich mit ihm verzürnet.

Sigismund.

Ja! aber dieser Zwist ist schon lange wieder bey gelegt.

Ambrosius.

Wer war den an dieser Uneinigkeit schuld?

Sigismund.

Wir beyde. Er scherzte mit mir wegen der alten D**, und schob etliche Wörter mit unter, die er selbst nicht würde gleichgültig angehört haben, wenn ich sie zu ihm gesagt hätte. Weil es nun mein Fehler ist, daß ich zu hitzig bin: so gab ich ihm wieder etliche zu hören, und hieraus ward eine kleine Feindschaft.

Ambrosius.

Er mag es wohl nicht so böse gemeint haben.

Sigismund.

Ja, das bedachte ich erst, da es zuspät war.

Ambro=

Ambrosius.

Es ist nicht gut, wenn einer im Scherze, beissende Reden mit einfliessen lässet: denn sie werden oft mit Scherz gesagt, und im Ernste aufgenommen.

Sigismund.

Ja, wer kan allemahl des andern seine Meinung wissen.

Ambrosius.

Ich will ganze Tage Scherz treiben, ohne einen Menschen zu beleidigen.

Sigismund.

Das hoffe ich auch zu bewerkstelligen.

Ambrosius.

Haben sie sich dieses Kleid erst machen lassen?

Sigismund.

Ja. Können sie aber wohl glauben, daß der christliche W** ein recht betrügrischer Mann ist.

Ambrosius.

Haben sie das noch nicht gewußt?

Sigismund.

Nein! ich habe ihn bis hieher immer für den Redlichsten Mann gehalten.

Ambrosius.

Ich nicht. Ich bin schon lange von seinem Geitz und Falschheit, überzeugt gewesen. Hat er sie auch etwann hintergangen?

Sigismund.

Er wolte es thun; aber es ist ihm nicht gelungen.

Ambrosius.

Das ist zu bewundern. Er ist sonst in der Schelmerey und im Betruge so geschickt, daß ihm so leicht keiner fehl schlägt.

Sigis=

Sigismund.

Ja, dieser war viel zu sichtbar, und doch hat er ihn gewagt.

Ambrosius.

Hat er denn etwann eine halbe Elle am Tuche fehlen lassen?

Sigismund.

Nein, dem Maasse nach, war das Tuch vollkommen richtig; aber in der Mitte hatte es grosse Flecke, die der eigentlichen Farbe des Tuches ganz entgegen waren.

Ambrosius.

Wenn es ein andrer wäre, so wolte ich sagen, daß es aus Unwissenheit geschehen: allein dieser hat es wohl mit gutem Bedachte gethan.

Sigismund.

Es konnte nicht aus Unwissenheit geschehen: denn bey dem Abmessen mußte er ja den Fehler sehn.

Ambro=

Ambrosius.

Ja er ist bey seiner frommen Mine, ein rechter durchtriebner Schalk.

Sigismund.

Diejenigen, welche keine Predigt versäumen, und alle acht oder zehn Wochen die Genadenmittel brauchen, sind größten Theils Heuchler.

Ambrosius.

Die meisten, üben die äusserlichen Werke der Religion nur darum so fleißig aus, damit sie unter der Decke, dieser falschen Gottseligkeit, ihre Betrügerey und sündlich Wesen ungehindert fort treiben können.

Sigismund.

Ja, es ist zu beklagen, daß dergleichen heilige Sachen, durch solche Menschen geschändet und entheiliget werden.

Ambrosius.

Und dabey seyn sie wohl noch so unverschämt, und denken den Allwissenden zu betrütrügen, wenn sie ihre guten Werke, wie jener Pharisäer für ihm erzählen. Da sagen sie wohl: "Ich danke dir GOtt, daß ich nicht "bin wie andre Leute. Ich bin kein Säuffer, "kein Flucher, kein Zänker u. d. gl. Zwey= "mahl habe ich die Canzel und den Altar ein= "gekleidet, und einmahl den Taufstein. Den "P** habe ich sechsmahl sehr reichlich be= schenkt, ec. ec." Aber sie vergessen hinzu zu setzen: Den Armen und Dürftigen, habe ich in seiner Noth verderben lassen. Die Witts= wenn und Waisen habe ich um das Ihrige ge= bracht, meinen Nächsten, verlästert, belogen, vervortheilet, und auf allerley Art und Weise betrogen, u. d. gl.

Sigismund.

Diese Bösewichter wollen mit den guten Werken, die sie zum Schein thun, dem All= sehenden, die Augen blenden, damit er ihre Schandthaten nicht sehen soll.

Ambrosius.

Mancher sitzt auch in der Kirche und die Gedanken fliegen mit solcher Heftigkeit in der Stadt herum, daß man es an seinen Minen und Geberden wahrnehmen kan.

Sigis=

Sigismund.

Oft brechen sie auch durch Worte aus, daß derjenige welcher neben ihm steht, seine Gedanken hören kan. Ohngefehr für einem halben Jahre, stund ich unter der Predigt neben L** dieser fing an und schlug mit seinen Händen um sich rum, daß ich nicht anders meinte, er wäre eingeschlafen, und schlüge im Traume, die Paucken; als ich ihn aber recht an sah, so wurde ich gewahr, daß nicht der Traum; sondern die rumschweifenden Gedanken an diesen Schlägen schuld hatten. Er hatte sich so heftig darinnen vertieft, daß er es nicht bemerkte, daß ich ihn so genau ansah. Er runzelte die Stirne, und verzog sein Gesichte dergestalt, daß es einem Meerkatzengesichte, nicht unänlich war. Endlich gerieth er in eine solche Wuth, daß er, ohne es zu wissen, folgende Worte hören liß: „Der ver-„fluchte Hund — — Ja, meiner Seele —. „In Stücken, in Stücken will ich ihn reissen. Ich erschrack nicht wenig hierüber, und sahe mich nach der Kirchthüre um: weil ich besorgte, daß er rasend wäre, und seine Worte an mir erfüllen würde. Doch endlich wurde er ruhig, und das häßliche Franzengesichte heuterte sich wieder auf.

Ambro-

Ambrosius.

Fragten sie ihn nicht nach der Ursache?

Sigismund.

Nein! denn ich besorgte, daß er in die vorige Raserey fallen möchte, wenn ich ihn wieder daran errinnerte.

Ambrosius.

Sein Kirchengehn muß also von grossem Nutzen für ihn gewesen seyn; weil er sich in derselben mit lauter Zorn und Rache beschäftiget.

Sigismund.

Ja, es wäre viel besser gewesen, wenn er aus derselben weg geblieben.

Ambrosius.

Ja, so hätte er doch durch sein närrisches Betragen, die andern nicht in ihrer Andacht gestöhret.

Sigismund.

Wenn sich dergleichen Menschen nur noch besserten, wenn ihnen ihre Thorheit vorgestellt wird.

Ambrosius.

Die wenigsten glauben es, daß sie unter diese Zahl gehören, und daher bleiben die meisten solche Narren, bis an ihr

ENDE.